AF268159

ESSAI

SUR LE

SUFFRAGE UNIVERSEL

ET

SUR LE MOYEN DE LE COMPLÉTER

PARIS

VEUVE BERGER-LEVRAULT ET FILS, LIBRAIRES-ÉDITEURS

5, RUE DES BEAUX-ARTS, 5

1870

STRASBOURG, IMPRIMERIE DE VEUVE BERGER-LEVRAULT.

Un des faits les plus intéressants de notre histoire, c'est le développement successif et incessant de l'individualisme qui, autrefois, était l'apanage à peu près exclusif des nobles. Reconnu par la révolution de 1789, qui a proclamé la déclaration des droits de l'homme, émancipé civilement par le Code Napoléon, qui a établi l'égalité devant la loi, il est demeuré concentré, au point de vue politique, entre les mains de l'aristocratie et de la bourgeoisie, et c'est la révolution de 1848 qui l'a démocratisé d'une façon définitive, en dotant la France du suffrage universel.

Assurément, avec la diffusion des lumières, l'individualisme est le pionnier le plus ardent et le plus utile de la civilisation et du progrès. On lui doit les efforts constants de la presse pour la propagation des idées, cette puissance nouvelle des temps modernes qu'on appelle l'association, et des merveilles sans nombre dans les arts, dans les sciences et dans l'industrie. C'est pour avoir méconnu son rôle progressif dans notre société, que la Restauration et le gouvernement de Juillet ont pu être si facilement emportés par de simples commotions populaires.

Aujourd'hui, l'individualisme est en pleine possession du droit de représentation politique; il envoie ses mandataires aussi bien au Corps législatif qu'aux conseils municipaux, aux conseils d'arrondissement et aux conseils généraux, et il étreint ainsi dans son action élective toute la machine sociale.

Une innovation aussi radicale n'est pas sans avoir influé sensiblement sur le développement de nos mœurs publiques, et, en présence des discussions passionnées qui agitent depuis quelque temps les esprits, on est conduit à étudier d'une façon plus approfondie le suffrage universel dans ses effets, afin de se rendre un compte exact de ses avantages et de ses défauts, non pas pour enlever à l'individualisme aucune des franchises déjà acquises, mais pour en consolider l'usage en remédiant aux imperfections de la représentation nationale.

Avant d'aborder cette étude, rappelons en peu de mots ce qu'était l'élection politique sous le gouvernement de Juillet. Ce point de départ nécessaire permettra de juger plus aisément tout le chemin parcouru.

D'après la loi électorale du 19 juin 1831, qui est restée en vigueur durant tout le règne du roi Louis-Philippe, le droit d'être élu député n'était accordé qu'aux propriétaires âgés de 30 ans et payant 500 fr. de contributions directes, et il fallait payer 200 fr. de cens et être âgé de 25 ans pour être électeur. On obtenait ainsi 23,000 éligibles, 220,000 électeurs, et seulement 174,000 votants qui envoyaient à la Chambre 459 députés. Avec ce système, la famille, la propriété, le capital, les traditions étaient très-imparfaitement représentés, et l'individualisme, c'est-à-dire la majeure partie du pays, ne l'était pas du tout. Le gouvernement n'avait dès lors comme point d'appui qu'une classe bourgeoise, très-influente et très-honorable sans doute, mais qui ne pouvait pas avoir une autorité suffisante pour dominer les passions populaires dans un moment d'effervescence. Aussi, il a suffi à une opposition relativement modérée d'agiter dans les masses la question des réformes électorales, pour faire écrouler instantanément tout l'édifice.

Avec le suffrage universel, tout citoyen âgé de 21 ans est

électeur et devient éligible à 25 ans, ce qui fait que, avec une population de 38 millions d'habitants, la France compte actuellement 10 millions d'électeurs, sur lesquels 8 millions de votants se présentent au scrutin pour nommer 292 députés. L'individualisme ne pouvait pas obtenir un succès plus éclatant; mais, à côté de ce progrès immense, on constate à regret dans notre représentation nationale trois lacunes considérables qui ne sont pas sans danger.

La première, c'est que la famille n'est pas suffisamment représentée. En effet, le chef de famille, qui a derrière lui tant d'intérêts à défendre, n'a qu'un vote à déposer dans l'urne électorale, au même titre que le jeune homme de 21 ans, qui entre dans la vie politique sans charges et sans expérience. Il en résulte que, les 8 millions de votants ne représentant que leur personnalité, il y a 30 millions d'âmes qui n'ont pas de représentation légale, et que c'est en définitive une minorité qui gouverne les intérêts de la majorité, sans qu'elle soit jamais consultée.

La deuxième, c'est que la propriété et le capital sont également représentés d'une façon fort incomplète. Pour s'en convaincre, il suffit de considérer que le sol de la France est entre les mains de 4 millions de grands, de moyens et de petits propriétaires. Or, les uns et les autres ne peuvent disposer que d'un vote, tandis qu'il y a 6 millions d'électeurs ne possédant rien, qui sont armés du même droit et qui représentent une majorité écrasante. Ce qui est vrai pour la propriété est plus vrai encore pour le capital, qui est détenu par des individualités infiniment moins nombreuses. Admettons, un instant, qu'un accès de vertige agite la masse électorale, et aussitôt propriété, capital, crédit, tout est mis en question par une révolution sociale dont il est impossible de prévoir l'issue.

La troisième, enfin, et c'est la seule dont nous voulons nous occuper, parce que, selon nous, elle comprend implicitement les deux autres, c'est que le corps social n'est pas représenté dans ses parties essentielles. L'individualisme, en effet, a bien ses députés, mais la commune, le canton et le département n'en ont pas; ils constituent cependant autant d'unités différentes; ils sont, chacun à leur rang, gardiens d'une tradition également indispensable au bien général, et c'est leur ensemble qui forme la nation. Si l'individualisme est le premier instrument du progrès, la commune, le canton et le département en sont les éléments conservateurs, et il n'est pas de société possible sans une base conservatrice.

On voit donc que le suffrage universel, fondé sur la présomption qu'il donnerait au pays une représentation plus large et plus complète que celles fournies par les régimes antérieurs, ne répond nullement au but qu'on s'était proposé. C'est ce que prévoyait Proudhon lorsque, le 31 juillet 1848, il prononçait ces paroles, rappelées dernièrement par un grand publiciste : « Pour que le suffrage universel fasse « autorité, il lui faut un principe d'organisation, une for- « mule d'expression, une raison d'être. Hors de là, le suf- « frage universel n'est que le chaos et l'anarchie. »

Les préoccupations qu'avait Proudhon à cette époque, chacun les partage aujourd'hui. Est-ce à dire qu'il faille renoncer à la libre pratique du suffrage universel? Non, assurément! L'individualisme a conquis le droit d'envoyer un député au Corps législatif par chaque groupe de 35,000 électeurs; c'est un progrès, il faut le respecter. Mais, en sauvegardant les intérêts de l'individualisme, il convient d'accorder de même l'émancipation politique aux autres parties constitutives de notre ordre social.

On ne saurait le nier, la lutte entre l'individualisme et les traditions qui forment la base de toute société civilisée, est le trait caractéristique de notre époque. Cependant, pour que la société subsiste, il faut que le développement du progrès soit toujours inférieur à la somme des traditions; en d'autres termes, il faut que le parti conservateur au parlement, qui est le dépositaire des traditions, soit constamment en mesure de contenir l'effervescence des partis par une majorité imposante. Or, la première condition pour obtenir un semblable parti conservateur, émanant directement de la nation, c'est que les parties conservatrices du pays soient elles-mêmes représentées, ce qui n'a pas lieu maintenant.

Pour peu qu'on étudie l'humanité, on voit l'homme toujours dépendant de ses passions, aspirant à l'indépendance, accablé par ses besoins, vivant rarement dans le présent, préoccupé du passé, et dirigeant sans cesse ses pensées vers l'avenir. Avec ces dispositions naturelles, pour maintenir les masses dans les voies conservatrices, un gouvernement libéral n'a que des moyens d'influence très-limités, parce que l'exécution doit suivre promptement la promesse, que les erreurs qu'il doit fatalement commettre, dans une longue existence, sont toujours grossies par les mille voix de la presse, tandis que l'opposition, qui dispose du mirage de l'inconnu, dont les promesses peuvent être sans limites, a une force entraînante qui finit par dominer les plus hésitants. C'est ainsi que, pour les élections au Corps législatif, l'opposition, qui, en 1852 et en 1857, n'avait pas réuni 1 million de suffrages, est arrivée, en 1863, à en avoir

2 millions, et en a obtenu 3,500,000 en 1869, sur 8 millions de votants.

Un mouvement ascendant aussi rapide nous conduit infailliblement au renversement de toutes les traditions établies, et il devient urgent de faire admettre au parlement les délégués de toutes les parties du corps social, afin que la nation tout entière, plus complétement représentée, puisse manifester librement sa volonté sur la part qui doit être faite au progrès.

Qu'on ne s'y trompe pas, la commune n'est pas une simple réunion d'individus; c'est un être collectif, qui a sa vie particulière; plus complet que l'individu, ses exigences et ses besoins sont d'un autre ordre, et son rôle dans la société est des plus importants. Il en est de même du canton et du département, qui représentent des associations d'un degré supérieur avec des conditions spéciales d'existence. C'est pourquoi l'intérêt général autant que la justice demandent que ces êtres collectifs, dont l'ensemble constitue l'homogénéité de la patrie, aient leur représentation directe dans l'assemblée où s'agitent les destinées du pays.

Pour arriver à ce résultat il faudrait que les conseils municipaux de toutes les communes de chaque département eussent le droit d'élire un député; que ce même droit d'élection fût accordé aux conseils cantonaux qu'une loi prochaine doit organiser; et enfin, que le conseil général et les conseils d'arrondissement fussent autorisés à élire un troisième député. De la sorte il y aurait trois nouveaux députés par département, qui, venant s'ajouter à ceux maintenant nommés par chaque circonscription de 35,000 électeurs, porteraient la représentation nationale à 559 députés.

Ce chiffre n'a rien d'exagéré, si l'on considère que l'Angleterre, avec ses 28 millions d'habitants, envoie au parlement 658 députés; et il n'est pas étonnant que pour la France, qui compte 38 millions d'âmes, l'opposition demande aujourd'hui que le nombre des représentants soit porté à 600 ou 650.

Mais, en agrandissant ainsi les bases de la représentation nationale, s'il est juste de maintenir le mode actuellement établi pour la nomination des représentants de l'individualisme, il serait sage de stipuler, pour les nouvelles places créées, que nul ne pourra être nommé député communal sans faire partie d'un des conseils municipaux du département où il se présente; que, pour être élu député cantonal, on devra de même appartenir à l'un des conseils cantonaux du département; et qu'enfin, il faudra être membre, soit du conseil général, soit d'un des conseils d'arrondissement, pour être nommé député départemental. Sans ces clauses essentielles il serait à craindre que l'individualisme cosmopolite des grandes villes, qui, en temps d'élections, envoie ses agents les plus actifs dans toute la France, ne pesât trop lourdement sur certaines localités, tandis qu'il importe de n'ouvrir l'accès nouveau du Corps législatif qu'aux véritables représentants des communes, des cantons et des départements.

Pourra-t-on objecter qu'avec ce système les représentants nommés par les circonscriptions de 35,000 électeurs auraient plus d'autorité dans l'assemblée législative que ceux élus par les communes, les cantons ou le département? Nous ne le pensons pas; car, si d'un côté il y a densité du nombre, de l'autre il y a densité du mérite et étendue de la représentation. Ainsi, le député représentant l'individualisme d'une fraction de département, ne saurait avoir plus d'influence que celui qui serait élu par tous les conseils municipaux de ce même département, c'est-à-dire par des électeurs d'élite ayant déjà reçu eux-mêmes la consécration du choix populaire. On peut en dire autant pour le député nommé par les conseils cantonaux, et pour celui qui serait élu par le conseil général et les conseils d'arrondissement.

Un dernier point reste à éclaircir: la réforme proposée est-elle de nature à enlever à la représentation nationale son autorité et son prestige? Le contraire est facile à démontrer, en s'appuyant sur l'histoire et sur les écrits des hommes les plus compétents.

Un des économistes les plus distingués de l'Angleterre, John Stuart Mill, adversaire déclaré de la tyrannie de la coutume dans les pays civilisés, a soutenu avec un talent remarquable cette thèse, que, lorsque les hommes politiques sortent tous du même moule social, ils n'engendrent que la médiocrité; et Guillaume de Humboldt a de même désigné, comme conditions essentielles du développement humain, deux choses distinctes: la liberté et la variété de situation.

A l'appui de ces opinions, on peut invoquer la révolution de 1789, c'est-à-dire le progrès le plus considérable des temps modernes, que nous devons à l'initiative patriotique d'une grande assemblée où le tiers-parti, la noblesse et le clergé étaient confondus dans les mêmes rangs, malgré la diversité de leur origine.

D'après cela, on peut admettre que non-seulement la variété d'origine des députés au Corps législatif répondrait à la variété des intérêts à défendre, mais qu'elle constituerait un accroissement de force réel qui donnerait un plus vif éclat à la représentation nationale. Il est utile, en effet, de donner un libre essor aux divers caractères en leur ouvrant plusieurs voies pour arriver à la députation, et aussi longtemps que nos institutions seront imparfaites, il y aura avantage à mettre en présence les convictions les plus opposées, parce que c'est la contradiction qui assure le progrès, en donnant naissance aux idées nouvelles.

L'idée pratique qui nous a guidé dans nos conclusions, ce n'est point de porter atteinte au suffrage universel, qui est un magnifique monument d'égalité et de fraternité, mais c'est de lui trouver le principe d'organisation, la formule d'expression, la raison d'être, réclamés en 1848 par Proudhon, afin de préserver la société du chaos et de l'anarchie qui, sans cela, lui paraissaient inévitables.

Tout se réduit, selon nous, à donner à notre représentation nationale son extension la plus complète, pour que les intérêts de 38 millions de Français ne puissent pas être légèrement compromis par les suffrages morcelés de 8 millions d'individus.

Car si la vérité se dégage toujours d'une masse aussi compacte lorsqu'elle est sollicitée tout entière par une grande question nationale, il n'en est plus de même lorsque, subdivisée en une multitude de groupes relativement peu nombreux, elle se trouve partiellement aux prises avec toutes les séductions de l'individualisme, qui peut alors, contrairement à l'intérêt général, obtenir des partis ainsi divisés, ce que la masse complète ne lui accorderait certainement pas.

La nécessité que nous signalons est d'autant plus impérieuse aujourd'hui, qu'avec le gouvernement constitutionnel qui vient d'être récemment inauguré, l'assentiment du Corps législatif devient nécessaire pour les actes les plus importants du pouvoir, ce qui emporte plus que jamais l'obligation d'être la représentation exacte de toutes les parties constitutives de la société.

Loin donc d'affaiblir le pouvoir législatif en élargissant le cercle de la représentation nationale, selon le mode que nous venons d'indiquer, on consacrerait davantage son autorité dans le pays, qui y verrait mieux l'expression de sa volonté, et l'on augmenterait en même temps l'influence des conseils municipaux, des conseils cantonaux, des conseils d'arrondissement et des conseils généraux où chercheraient à se faire élire, désormais, beaucoup d'hommes supérieurs qui se tiennent maintenant à l'écart. En fortifiant ainsi les

liens sociaux, l'ère des révolutions se trouverait définitive-
ment fermée, et l'on serait assuré de pouvoir fonder en
France cette véritable liberté qui a pour drapeau : le progrès, l'amélioration des masses par l'instruction, l'émancipation de la pensée humaine, la conciliation des esprits et
la paix des nations.

www.ingramcontent.com/pod-product-compliance
Lightning Source LLC
Chambersburg PA
CBHW061218050726
47594CB00008B/3698